W0223086

CONTRA PERIODISTAS

Màrius Carol

CONTRA PERIODISTAS

edhasa

Diseño de la cubierta: Jordi Sàbat

Primera edición: febrero de 1997

© de la traducción y selección: Màrius Carol, 1997
© de la presente edición: Edhasa, 1997
Avda. Diagonal, 519-521. 08029 Barcelona
Tel. 439 51 05

ISBN: 84-350-2405-9

Queda rigurosamente prohibida, sin la autorización escrita de los titulares del *Copyright*, bajo la sanción establecida en las leyes, la reproducción parcial o total de esta obra por cualquier medio o procedimiento,comprendidos la reprografía y el tratamiento informático, y la distribución de ejemplares de ella mediantealquiler o préstamo público.

Impreso por Romanyà/Valls, S.A.
Verdaguer, 1. 08786 Capellades (Barcelona)
sobre papel offset crudo de Leizarán.

Depósito legal: B-3.272-1997

Printed in Spain

ÍNDICE

No tener una idea y poder expresarla: eso
hace al periodista.

Karl Kraus

Tus grandes exclusivas de hoy envuelven el
pescado de mañana.

Walter Lippmann

El periodismo me atrae porque
participa del prestigio literario
y, sin embargo, sigue siendo
una actividad poco respetable.

Tom Wolfe

El periodismo tiene continuas
satisfacciones de bajo voltaje,
de cinco a diez voltios, como la firma,
la tarjeta que permite saltar las barreras
policiales en caso de catástrofe
y saludar al alcalde, que te hacen
la vida agradable.

Tom Wolfe

Ustedes los periodistas nunca hacen las
cosas bien.

Ronald Reagan

Todo el periodismo es ficción; la mayor
parte de él, ficción horrorosa.

Norman Mailer

El periodismo es un extraordinario
y terrible privilegio, pero ahora se ha
envilecido porque los periodistas
son capaces de ejercer la peor
crueldad sin asumir una responsabilidad
por el dolor que causan.

Oriana Fallaci

El periodismo sólo puede ser de dos clases:
el bueno y el malo.

André Fontaine

Detesto el periodismo mal escrito
y sufro mucho leyendo el periódico,
que se acaba convirtiendo
en una obra de caridad.

Maruja Torres

Tenemos que dejar de creer que
pertenecemos a una casta especial,
por encima de todo y de todos,
como los monjes. Nosotros somos como
los médicos: algunos te salvan la vida,
la mayor parte te curan de algo y unos
cuantos te matan.

Carl Bernstein

Cuando dije que quería ser escritor me
respondieron: Comerás papel.

Gabriel García Márquez

Escribir es cortar.

Juan Rulfo

Peor sería tener que trabajar.

Anónimo (de un cartel de la mesa del director del NYT)

Curiosa profesión que aglutina a supermanes y a oficinistas, a políticos y a campeones del juego de los chinos.

Manuel Vázquez Montalbán

Es hora de discutir a estos hombres desconocidos y mediocres que ocupan un lugar importante en su época y que movilizan una prensa equiparable en producción a la edición de libros.

Honoré de Balzac

Los periodistas, como las moscas, son más inoportunos que perniciosos.

Leopoldo de Bélgica

Un periodista es un hombre que siempre necesita un bolígrafo.

Manuel Hidalgo

Los pobres periodistas trabajan en un margen de tiempo limitado; entre las tres y las cuatro de la tarde deben hacer el oráculo mundial sobre lo que llega media hora antes y, una hora después, entregar su diagnóstico.

Hans Magnus Enzensberger

Debería crear un monstruo como Frankenstein. Sin cerebro. Simplemente una criatura que alejara a los reporteros y a los entrevistadores.

Boris Karloff

Me gustaría dar una rueda de prensa muda. Nos miramos, nos sonreímos, nos intercambiamos pequeños gestos de amistad o incluso regalos, pero sin despegar los labios, y después, cada uno vuelve a su trabajo.

Federico Fellini

Un buen periodista no consigue noticias, las hace importantes.

Jackie Cooper (redactor jefe del Daily Planet, *en* Superman)

El periodista es un ser extraño que se alimenta de noticias. Quiere que haya noticias aunque sean malas. En realidad suelen ser malas.

Lorenzo Gomis

El oficio de periodista que pretende ser sincero, veraz, es el más sucio de todos los oficios. Lo digo yo si antes no lo ha dicho otro.

Vásquez Yepes

El periodista tiene la sensación, consciente o no, de estar en posesión del monopolio de la verdad.

Alain Minc

Todo periodista que no sea demasiado
estúpido o demasiado engreído para
no advertir lo que entraña su actividad sabe
que lo que hace es moralmente
indefendible. El periodista es una especie
de hombre de confianza, que explota
la vanidad, la ignorancia o la soledad
de las personas, que se gana la confianza
de éstas para traicionarlas sin
remordimiento alguno.

Janet Malcom

A los chicos de la prensa, que ya se sabe
que aspiran a escribir cuentitos y novelitas
y quieren publicarlas, les ocurre como
a las putas, que por más que sean libres
de escoger a los clientes, en realidad
aceptan lo que les echen, aunque luego
refunfuñen bebiendo jotabe
que les paga la casa editorial
o su periódico y se consuelen
porque de algo hay que vivir
y nosotros no somos responsables.

Gregorio Morán

El periodismo es el arte de llenar columnas
impresas al dorso de los anuncios.

Gilbert K. Chesterton

Todo periodista lleva una gran novela
en su interior. Todo periodista lleva
una gran razón para no echarla fuera.

John Timpson

Dejemos que se llamen periodistas esos aficionados que acuden a los periódicos para quitarnos el sitio y desahogar sus vanidades.

Julio Camba

Un escritor puede escribir de sí mismo, un periodista no puede hacerlo jamás.

André Fontaine

El primer deber de un periodista es ser leído.

Pierre Lazareff

Los periodistas que dicen que son objetivos son los que más manipulan.

Rosa Montero

Quien no padezca estrés diario no es apto para un oficio en el cual el estrés es el abono y el catalizador.

Indro Montanelli

Sin la droga de la ansiedad, se es un periodista fracasado.

Indro Montanelli

Todo debe confiarse a los cojones de los periodistas. Cuando uno los tiene, puede cometer errores, pero sigue manteniendo su independencia.

Indro Montanelli

Los periodistas nos dejamos llevar por la imaginación y a veces creemos que con dos vértebras se reconstruye un diplodocus.

André Fontaine

El periodista, para cumplir su misión, debe ser criado de todo el mundo y ha de tener por norma que «quien paga, manda». Unos se venden los brazos, otros la inteligencia.

Joan Puig i Ferreter

Obviamente, un reportero no puede convertir en práctica hacer reportajes después de horas de trabajo; si lo hace, pronto adquiere una popularidad aproximada a la de un agente de seguros que lleva un paquete de contratos a todas las fiestas que asiste.

Joseph y *Stewart Alsop*

No le digas a mamá que soy periodista, ella cree que soy pianista en un burdel.

Anónimo

El periodista es un hombre que se ha equivocado de carrera.

Otto von Bismark

Los verdaderos peligros para el periodista no proceden de las balas perdidas, afortunadamente muy escasas, sino de la vida a que le obliga a vivir la profesión. Horarios imposibles, viajes constantes, prisas para la entrega de originales, muchos cigarrillos y a menudo alcohol, acumulan las tensiones. La mayor proporción de accidentes cardíacos no se producen entre los gerentes, sino entre los periodistas.

Jean-Louis Servan-Schreiber

El periodista debe escribir a gran velocidad porque si no corre el riesgo de que al llegar al último renglón, ya no tenga actualidad el primero.

Fernando Fernán Gómez

El reportero es un hombre que ha renunciado a todo en esta vida, salvo al mundo, al demonio y la carne.

David Murray

El protagonismo del periodista en la vida pública, su conversión en una *vedette,* es equivalente a la ambición de las *vedettes* de pasar por entrevistadoras o periodistas.

Margarita Riviere

Una de las principales características del gremio periodístico es precisamente esta disposición a complicarse la vida.

Pedro J. Ramírez

Un reportero no puede disfrutar de un momento más satisfactorio que aquel en el que un hombre en una posición encumbrada le dice: «Realmente no me importa hablar con usted, porque usted sí sabe de lo que estoy hablando».

Joseph y *Stewart Alsop*

El periodismo es la habilidad de vencer el desafío de llenar el espacio.

Rebecca West

Para ser un buen periodista es
indispensable, sobre todo,
tener suerte.

Lluís Foix

Es una especie de sino, las iglesias y las religiones están siempre en el camino del periodista y ambas manifestaciones de fanatismo siempre acaban por resultar peligrosas. (Véase *La reina Margot,* véase Argelia, véase Sarajevo, véase el mundo, como quien dice.)

Maruja Torres

Lo peor es cuando has terminado un artículo y la máquina de escribir no aplaude.

Orson Welles

Siempre me creí bien dotado para el periodismo: era impertinente, extraordinariamente fogoso, tenía talento para exagerar y estaba convencido de que en breve aprendería a plantear sin tapujos las más desvergonzadas preguntas.

Billy Wilder

Nunca dejes que la realidad estropee un buen reportaje.

Anónimo

El oficio de periodista proporciona asientos gratis para este tipo de espectáculos que son las guerras.

Sam Waterson (Los gritos del silencio)

Las noticias deben ponerle al lector la carne de gallina.

Arthur Mc Ewan

Es mucho más difícil describir que opinar. Infinitamente más. En vista de lo cual todo el mundo opina.

Josep Pla

Los periodistas superficiales, como los topos, muchas veces se imaginan que andan por las profundidades, cuando en realidad se hallan próximos a la superficie.

Guillermo Shenstone

Aligerado por un exceso de equipaje intelectual, indiferente al credo, está dedicado a las noticias.

Joseph Kraft

Los productos del periodista, sus crónicas, sus gacetillas, sus reportajes, son comparables a las secciones de una fábrica:

son productos que el equipo financiero utilizará como mercancías.

Manuel Vázquez Montalbán

La literatura es el arte de escribir algo que va a ser releído; el periodismo, lo que será hojeado una vez.

Cyril Connolly

La naturaleza misma del periodista es la de ser superficial.

Jean-Louis Servan-Schreiber

Los periodistas contamos al público hacia dónde salta el gato, con la esperanza de que el público ya cuidará de él.

Arthur Hys Silzberger

El periodismo es un oficio fácil. Es cuestión de escribir lo que dicen los demás.

Howard P. Lovecraft

No cojas el teléfono, que a lo mejor es una noticia.

Anónimo

Es una vida muy penosa enfrentarse todos los días con una hoja en blanco, rebuscar entre las nubes y traer algo aquí abajo.

Truman Capote

Lo difícil como periodista no es escribir, lo verdaderamente difícil es que te lean.

Manuel del Arco

La tarea de los periodistas no es, en primer lugar, la de gobernar, oponer o criticar como muchos piensan, sino, ante todo, informar.

Dolf Sternberger

Nunca he podido entender por qué nadie me entiende sólo porque soy ininteligible.

Milton Mayer

Reúne primero los datos, que ya tendrás tiempo de distorsionarlos como te plazca.

Mark Twain

Los periodistas son como las comadronas y los enterradores de nuestra época.

Karl Gutzkow

Los periodistas son gente impresentable que siempre están preguntando las mismas cosas.

Ava Gardner

El color amarillo es un eufemismo para referirse a algunos periodistas. Habría que buscar un color más parecido al de la mierda para definirlos.

Eloy de la Iglesia

Los redactores-jefes, al igual que todavía hoy muchos periodistas, nunca han sido muy partidarios de perder el tiempo en las aulas estudiando absurdas e impracticables teorías sobre la comunicación. Ellos creen en ellos mismos, en que el periodista nace con la mirada asesina del reportero de raza en los ojos. Y la única formación que necesitan es un jefe experto como él.

Juan Carlos Laviana

La primera regla de oro del periodismo es ésta: tened en cuenta que un primer ministro siempre es un mentiroso.

Izzi Stone

Este oficio que es el periodismo rara vez se aprende solamente en la universidad.

Margarita Riviere

A veces sospecho que sería más útil para esta profesión que enseñaran a los muchachos a escribir notas de gastos que editoriales.

Alfonso Rojo

Antes de escribir, aprended a pensar.

Nicolás Boileau

Al estudiante de periodismo se le inviste
con la armadura de «cruzado de la verdad»
y, sin embargo, se le embarca en una
profesión en la que empieza
por no poseer las fuentes
de la verdad, ni criterios ante la verdad
adulterada, ni los medios
de difundirla.

Manuel Vázquez Montalbán

¿Ve a este chico recortando fotos? Pues
tiene la llave del éxito. Es licenciado en
periodismo, pero sólo sabe recortar fotos.
Si Barny quiere ser periodista, nunca
aprenderá el oficio en la escuela. A mí
que no tengo ni el bachillerato superior,
me invitan a dar clases de periodismo
en la universidad.

Clark Gable (Enséñame a querer)

Cuando tenía la oportunidad de escapar
del rigor de las lecciones de periodismo,
les hablaba de cómo fumar en pipa
o de la historia del coñac, pues
me parecía que ello contribuía
más a excitar su curiosidad.

Néstor Luján

El periódico es nuestra mentira cotidiana.

Leonardo Sciascia

Los periódicos son esos museos de minucias efímeras.

Jorge Luis Borges

Los periódicos son archivos de bagatelas.

Voltaire

Si la prensa no existiera, no habría, absolutamente, que inventarla.

Honoré de Balzac

Los periódicos son los ferrocarriles de la mentira.

Jules Barbey d'Aurevilly

Hay que ser muy escéptico con cualquier cosa que se lea hoy en día en un periódico.

Noam Chomsky

Los periódicos en España se hacen, en primer lugar, para que los lean los periodistas; luego los banqueros; más tarde, para que el poder tiemble, y por último, para que los hojee el público.

Forges

Los periódicos siguen siendo insustituibles para muchas cosas, además de las ya apuntadas. Por ejemplo, no se concibe a nadie yéndose al cuarto de baño a evacuar con el ordenador a cuestas. O a un propio que sigue los pasos de una pecadora infiel por encargo del marido mosqueado, tapándose la cara con un Power Book. O a qué se dedicarían los empleados municipales de limpieza, muchos funcionarios locales, operadoras de teléfonos, dependientas de tiendas en sus horas de trabajo sin periódicos.

Carmen Rico Godoy

Desde el momento en que un periódico se ocupa de algo, los hechos se pierden para siempre, incluso para los protagonistas.

Norman Mailer

Los periodistas hemos convertido los periódicos en el altavoz, en el escaparate y, en definitiva, en la sirvienta de la televisión.

Indro Montanelli

Todos los medios de comunicación viven de la presunción de la catástrofe, de la inminencia suculenta de la muerte.

Jean Baudrillard

Los medios de comunicación son un espejo que tiende a reproducir la realidad más convencional y oficial, dejando a los márgenes la más turbadora.

Rosa Montero

Conviene irritar un poco a la gente cada mañana desde la prensa; es bueno.

Francisco Umbral

El hijo de los media es el individuo neonarcisista, lábil, inestable en sus convicciones, de cultura *chewing-gum*.

Gilles Lipovertsky

Un periódico no está hecho para esclarecer, sino para halagar las opiniones. Así, todos los periódicos serán, en un tiempo dado, cobardes, hipócritas, infames, mentirosos, asesinos; matarán las ideas, los sistemas, los hombres, y por eso mismo florecerán. Tendrán los beneficios de los entes de ficción: el mal se habrá producido sin que nadie sea culpable.

Honoré de Balzac

El periódico es hijo de la publicidad
y ella lo devora; es un lenguaje
que se usa y que, al usarse,
se gasta hasta que termina
en el cesto de basura.

Octavio Paz

El papel cubierto de escritura arde mal.

Mijaíl Afanósevich Bulgákov

Los medios no tienen jamás tiempo,
sufren una especie de eyaculación
precoz reiterada que abandona
el conocimiento a su insatisfacción.

Jean Claude Guilleband

Los periódicos excitan siempre la
curiosidad; pero nunca se deja uno
sin un sentimiento de desilusión.

Carlos Lamb

Cuando un periódico escribe hechos,
no habla nunca con imparcialidad.

George Bulwer Lytton

Los medios de comunicación modernos
suministran muchas informaciones y
noticias acerca de lo que sucede en el
mundo, pero no permiten con frecuencia
al público relacionar de un modo real su
vida diaria con estas realidades más amplias.

Wright Mills

Leo los periódicos ávidamente. Es mi
forma de ficción continua.

Aneurin Bevam

Dicen que la prensa fue la palanca con la
que Arquímedes movió el mundo.

Artemus Ward

El periodismo es la literatura con prisa.

Matthew Arnold

El periodismo mata la literatura.
Miguel de Unamuno

Periódico: unos céntimos de historia envueltos en un cucurucho de papel.
Edmond y *Jules Goncourt*

La prensa es una forma de diversión gratuita, financiada por unos anunciantes que quieren comprar a los lectores.
Marshall McLuhan

El diario de hoy es semejante al de la víspera.
Marshall McLuhan

Los periódicos se parecen cada vez más unos a otros.
Indro Montanelli

Cada periódico, cuando llega al lector, es el resultado de toda una serie de selecciones en cuanto a los artículos que se imprimirán, en qué posición aparecerán impresos, cuánto espacio ocuparán, qué énfasis se le dará a cada uno. Aquí no existen estándares objetivos, existen convenciones.
Walter Lippmann

El periódico es una de las mercancías más perecederas, pues apenas ha salido de las rotativas ya comienza a devaluarse.

Con una excepción: los periódicos
que se recogen para los viejos hospicios.
Para ellos, desechos de la sociedad de
consumo, la fecha ya no importa.

Albert Kienz

Por el precio que cuesta la carne durante
una semana se reciben cada día, durante
un año, decenas de grandes páginas
abarrotadas de artículos.

Jean-Louis Servan-Schreiber

Los periódicos, señor, son los más ruines...
licenciosos... abominables e infernales.
No es que yo los lea. Tomé la decisión de
no leer uno solo.

Richard Brinsley Butter Sheridan

Los periódicos son el riel de la mentira.

J.A. Barbey d'Aurevilly

Desde muy temprano me di cuenta de
que no hay acontecimiento que sea
relatado correctamente en un diario,
pero en España, por primera vez, vi crónicas
periodísticas que no guardaban relación
alguna con los hechos, ni siquiera
la que implica una mentira ordinaria.

George Orwell

Leemos el mundo al revés y nos
lamentamos de no comprender nada.

Rabindranath Tagore

La prensa es peor que una manada de lobos.
Sidney Pollack

Los ciudadanos dan a algunos periodistas
y políticos una lección de tolerancia,
porque si la gente estuviera tan enfrentada
como nuestros periódicos viviríamos una
guerra civil.
Fernando Savater

La prensa es una boca forzada a estar
siempre abierta y a hablar siempre.
Por eso, no es de extrañar
que los periódicos digan muchas
más cosas de las necesarias,
y que divaguen y se desborden.
Alfred de Vigny

No puedo entender que una mano pura
pueda tocar un periódico sin estremecerse
de disgusto.
Charles Baudelaire

El enemigo irreductible de los periódicos
no es el que no quiere más
periódicos, sino el que quiere otros
periódicos.
Bertolt Brecht

Si no te gusta lo que dice tu periódico
eres perfectamente libre de lanzar
el tuyo propio o de comprar uno.
A. J. Liebling

La prensa me hace pensar en una gigantesca enlatadora de pescado, supermoderna, de cien pisos de alto, con un capital de miliardos de dólares y con decenas de miles de trabajadores vigilando las máquinas enlatadoras, pero dependiendo para su materia prima de un número inadecuado de pescadores con caña en botes de remos que hacen agua.

A. J. Liebling

Un periódico consta siempre del mismo número de palabras, haya noticias o no las haya.

Henry Fielding

La exactitud es para un periódico lo que la virtud para una dama.

John Pulitzer

La prensa no es la opinión pública.

Otto von Bismark

Los periódicos hostiles son más temibles que mil bayonetas.

Napoleón

Es falso que el público no tenga
tiempo para leer periódicos,
para lo que no lo tiene
quizá es para leer lo que
le ofrecemos.

David Lawrence, hijo

El periodismo consiste esencialmente
en decir «Lord Jones ha muerto»
a gente que no sabía que Lord Jones
estaba vivo.

Gilbert K. Chesterton

La gente confunde en todas partes lo que
lee en la prensa con las noticias.

A. J. Liebling

Una noticia es cualquier cosa que el editor
elige publicar.

Arthur MacEven

Un artículo es una morcilla. Dentro metes
lo que quieras, pero tiene que estar bien
atada por los dos extremos.

César González Ruano

La actualidad no ocurre, se crea. Si no
existiesen periodistas, no habría actualidad.
Habría sencillamente hechos.

Cándido

Muy pronto en la vida me di cuenta de que un acontecimiento nunca es relatado correctamente en la prensa.

Georges Orwell

Siempre es mejor hacer las noticias que leerlas.

Winston Churchill

La desinformación se despliega en un mundo en el que no hay lugar para ninguna comprobación.

Guy Debord

Una calumnia ha de tener un punto de verdad para que sea eficaz.

Francisco Umbral

La presión de los medios de comunicación empuja hacia lo irracional.

Marshall McLuhan

El contenido de un medio puede compararse a un sabroso trozo de filete que el ladrón ofrece al perro guardián del espíritu para adormecer su atención.

Marshall McLuhan

La información, como el misil, tiene como misión fundamental ser lanzada.

Alain Minc

La información tiene una profunda función de decepción. Poco importa

de lo que se nos informe, poco
importa la cobertura de los
acontecimientos, a lo que ella aspira
es al consenso mediante
el encefalograma plano.

Jean Baudrillard

La mancha originada por la prensa
amarilla se ha ido expandiendo
con ayuda de la televisión,
transformándose en lo que podríamos
llamar periodismo de queroseno.
En este tipo de periodismo los periodistas
echan queroseno en el primer sitio
en que ven humo, antes de determinar
qué es lo que lo produce y por qué.
Las llamas resultantes podrían
considerarse incendio premeditado,
no periodismo.

Ben Bradlee

Los buenos momentos del periodismo
tienen siempre algo que ver con esta regla
tan cínica y cruel que define el valor de la
noticia: «Más vale un perro muerto en la
Gran Vía que cinco mil indios muertos en
una inundación».

Manuel Leguineche

Una persona que nunca leyera el periódico
podría estar mejor informada que otra que
lo leyera con regularidad.

Jefferson Davis

Los periódicos se venden por lo que dicen y no por su diseño.

Juan Luis Cebrián (en el congreso de la Society of Newspapers Design)

La diferencia entre literatura y periodismo es que el periodismo es ilegible y la literatura no se lee.

Oscar Wilde

El estilo no es el contenido, pero es la lente que condensa éste en un lugar ardiente.

Jacob Paludan

Suprime los signos de exclamación. Son como reírte de tu propio chiste.

Francis Scott Fitzgerald

Hay una cultura dominante que prefiere el sensacionalismo y no se hace eco de nuestra vida. Incluso la parte del periodismo excelente que ha sobrevivido está siendo explotada poco a poco por la cultura idiota de los *talk show.*

Carl Bernstein

No ha habido autenticidad hasta los tiempos en que las gacetas y los periódicos, contradiciéndose unos a otros, han dado ocasión de examinar los hechos para que luego fueran discutidos por los contemporáneos.

Voltaire

Los lectores no quieren sólo noticias,
quieren historietas, crucigramas,
concursos. Desean saber cómo hacer
un pastel o tener amigos, prever el futuro,
leer horóscopos, apuestas en las carreras,
la interpretación de los sueños, cómo ganar
en la lotería y, si por alguna de aquellas
casualidades tropieza con la primera
página, noticias.

Humphrey Bogart (El cuarto poder)

¿El secreto de mis reportajes? Es muy
sencillo: yo decido de antemano si será un
drama o una comedia.

Oriana Fallaci

Lo que confiere un rasgo común a los
especialistas de reportajes es que todos ellos
consideraban el periódico como un motel
donde se pasa la noche en su ruta hacia
el triunfo final.

Tom Wolfe

También hay que prevenir contra los
historiadores; se envilecen hasta el punto
de convertirse en meros peones
y cómplices del periodismo.

Ernst Jünger

La guerra política en que algunos medios
de comunicación se encuentran
embarcados no es su guerra. No creen
en ella o no comparten los modos

de guerrear al uso, es decir, discrepan de
la instrumentalización de la información
que se hace. Ocurre entonces
lo que ha sucedido en todas
las guerras cuando soldados sin fe
en la lucha se ven obligados a participar:
tratan de desarrollar su función
de la mejor manera posible
y sin hacer daño a nadie, en la medida de lo
posible. No teniendo probablemente
madera de héroes, dispararán
alguna vez, si se lo exige
el mando, pero escurrirán
el bulto siempre que puedan.

Félix Santos

Nos pasamos casi toda la vida
informándonos. Lo que vemos por nosotros
mismos es lo de menos. Vivimos sobre el
testimonio de otros. El oído es la segunda
puerta de la verdad, y la primera de la
mentira. La verdad ordinariamente se ve,
pero oírla es poco común. Raramente
llega pura a nuestros oídos, y menos
cuando viene de lejos; porque
entonces llega teñida de las pasiones
que encuentra por el camino.

Baltasar Gracián

Comunicarse con éxito a través
de un medio de comunicación es,
hoy en día, imposible.

Josep Maria Espinàs

Al terminar la frase interrogativa,
pon un signo de interrogación.
No tienes idea de la fuerza
que le darás a la frase.

Woody Allen

Los periodistas cometemos errores,
muchos errores; y nuestros
errores permanecen expuestos
a la luz del día durante veinticuatro
horas o incluso más tiempo,
para que todos los puedan ver.

Ben Bradlee

Hay que ser muy, muy tonto o muy, muy
cínico para seguir postulando hoy la
objetividad informativa.

José Vidal Beneito

Quien escribe o habla de forma poco clara
es un maleducado.

Primo Levi

Muchos ciudadanos compran un diario
para leer lo que quieren leer, por encima
de todo. Recuerda a Joan Crawford
en *Johnny Guitar:* «Dime que me quieres,
Johnny, aunque sea mentira».

Joaquín Luna

Ustedes los periodistas piensan que el
Gobierno les miente. Pero no mentimos,
realmente no. Sin embargo, cuando ustedes

descubren eso, cometen un error aún
mayor. Piensan que decimos la verdad.

Lord Tyrrell

Las erratas mejoran el texto.

Amando de Miguel

La información puede decirnos todo.
Tiene todas las respuestas. Pero son
respuestas a preguntas que no
hemos planteado, y que sin duda
ni siquiera se plantearán.

Jean Baudrillard

Una especialidad no se elige, es la
especialidad la que te elige a ti.

Anónimo

Si vas a una entrevista con una larga lista
de preguntas puedes perderte lo más
sorprendente, que es escuchar hasta dónde
te llevan las respuestas de tu interlocutor.

David McCullough

No sería descabellado calificar
la entrevista como una conversación
absurda en la que una persona,
pública o no, es interrogada por un
desconocido que le hace
muchas veces preguntas íntimas
o comprometidas esperando
que él responda con revelaciones
que normalmente
les niega, incluso, a muchos
conocidos.

Jorge Halperín

Cada vez que una es entrevistada, vende su alma.

Oriana Fallaci

Los periodistas olvidan a veces quién
es la estrella de la entrevista.

Charles Samuels

Esta lleno de paradojas eso que los cursis y papanatas llaman periodismo de investigación.

Margarita Riviere

Las principales fuentes de información de los corresponsales para todo son los chóferes de taxi, los barman y los otros corresponsales para todo.

John Whale

El corresponsal cuando llega a un país rinde visita a embajadas amigas para obtener algunas informaciones que quieran darle. Contrata a un intérprete del país que se transforma inmediatamente en una fuente enciclopédica de informaciones y de falsos rumores. Se arrastra por algunos bares frecuentados por corresponsales con la esperanza de conseguir algunas informaciones que podrá atribuir a fuentes bien informadas.

Harry Schwartz

Una de las reglas no escritas de la profesión es no citar nunca en una crónica a un taxista. Como los chóferes que pululan alrededor de los aeropuertos del Tercer Mundo suelen chapurrar idiomas, el recurso de los novatos que llegan apretados de tiempo a una plaza nueva es tirar de la lengua al parlanchín camino del hotel y usar sus palabras entrecomilladas en la primera nota.

Craso error que se paga habitualmente
con la conmiseración de los veteranos
y la rechifla de los envidiosos
de la redacción.

Alfonso Rojo

En las guerras se habla de periodistas
de hotel y periodistas de primera línea para
distinguir entre los que salen a buscar
noticias a las zonas calientes o los que
consumen la jornada holgazaneando en la
hipotética seguridad del Holiday Inn.

Alfonso Rojo

El reporterismo de guerra es la única
actividad en la que se puede flirtear
con el diablo, prosperar en medio
del dolor y cortejar a la muerte
con total aprobación social.

Alfonso Rojo

Detesto esta imagen del reportero-turista
convertido en monstruoso observador
del dolor y la muerte ajenos.

Javier Nart

Más vale no hacer ninguna foto que hacer
la última foto.

Manuel Ortiz

Si tus fotos no son lo bastante buenas es
porque no estás lo bastante cerca.

Robert Capa

Si te tiemblan un poco las manos, la foto de acción mejora sensiblemente.

Robert Capa

En las guerras no tiene sentido llorar porque no se puede enfocar con lágrimas en los ojos; si te vas a desmoronar, es mejor que lo hagas después, cuando estás en el laboratorio o en la habitación del hotel.

Philip Jones Griffiths

«¡No me haga fotos! ¡Ayúdeme!»

Una víctima de una explosión en la catedral de San Salvador, citada por Alfonso Rojo

¿Que le ponga el sombrero para la foto, porque a la gente le gusta ver el fiambre con el sombrero puesto? Tal vez debería sacarle el rabo. Puede que les guste ver el sexo al muerto.

Leon Bernstein

Los corresponsales de guerra son las tres des: desequilibrados, divorciados y dipsómanos.

Manuel Leguineche

El reportero de guerra es un hombre que combina la habilidad del saltador de vallas con la de un escritor de primera clase.

Robert-Arthur Salisbury

Hay una vieja regla del oficio:
los enviados especiales hacen la carrera
juntos, pero el *sprint* lo corre cada
uno por su cuenta.

Arturo Pérez Reverte

El corrector es un buen hombre,
que muchas veces es la víctima
propiciatoria o burro de carga
de los escritores y de los
periodistas, como lo es el apuntador
para los actores.

Christian Auguste Vulpius

Escribir de deportes es la mejor
forma de mitigar el dolor vital
de anticiparse a las cosas, ese dolor del
que sólo se libran los maestros
del zen y las víctimas del coma.

Richard Ford

Un crítico es un hombre que conoce el
camino, pero no sabe conducir el coche.

Kenneth Tynan

¡Escribir para los críticos! ¡Trabajo perdido!
Lo mismo que hacer oler una flor a un
hombre resfriado.

Anton Chéjov

Los críticos son como los tábanos, que
impiden a los caballos trabajar la tierra.

Máximo Gorki

Estoy en la habitación más pequeña
de la casa. Tengo su crítica periodística
delante. Dentro de poco la tendré detrás.

Atribuida a un dramaturgo británico

La crítica teatral inglesa contemporánea
todavía no ha tenido un solo
éxito, a pesar de asistir
a todos los estrenos.

Oscar Wilde

Un crítico es como un gallo que cacarea
mientras otros ponen.

Giovanni Guareschi

Es mucho más probable que a uno
le publiquen cuando redacta críticas
que cuando escribe novelas.

John Updike

Odio a los columnistas. ¿Por qué tengo
tantos columnistas? Tengo columnistas
políticos invitados. Columnistas
célebres. Lo único que me falta
es un columnista muerto. Y eso
sí que me vendría bien. ¿Sabes lo
que tendrían que hacer nuestros
columnistas? Cerrar el puto pico.

Robert Duval (Detrás de la noticia)

El último recurso del columnista
es comentar la televisión.

Tom Wolfe

Los periodistas del corazón son caquitas de perro.

Victoria Abril

Los periodistas de rock son gente que no sabe escribir entrevistando a gente que no sabe hablar para gente que no sabe leer.

Frank Zappa

El derecho a expresar nuestros pensamientos, sin embargo, tiene algún significado tan solo si somos capaces de tener pensamientos propios.

Erich Fromm

Claro que estoy a favor de la libertad de prensa, sólo que no aguanto los diarios.

Tom Stoppard

Respecto a los periodistas modernos siempre se disculpan en privado por lo que han escrito contra uno en público.

Oscar Wilde

¿Para qué autorizar la libertad de prensa? ¿Por qué el Gobierno debe permitir que le critiquen cuando hace lo que cree que debe hacer?

Lenin

Los medios no tienen que rendir cuentas de sus actos a los ciudadanos. Influyen sobre la política por encima de ellos o a través de ellos. De ahí surge la paradoja para la democracia: si tratamos de controlar los medios, acabaremos con la democracia; pero si no lo hacemos, acabarán con ella los medios.

Alain Touraine

La libertad de prensa sólo está garantizada
a los propietarios de los diarios.

A. J. Liebling

Son las mujeres quienes crean
la opinión pública.

Leon Tolstói

La lectura de los periódicos,
siempre penosa desde el punto
de vista estético, suele serlo
también desde el moral, incluso
para quien tiene escasas
preocupaciones morales.

Fernando Pessoa

Cuando la prensa es libre, ello puede ser
bueno o malo; pero, evidentemente, sin
libertad, la prensa sólo puede ser mala.

Albert Camus

La libertad de expresión consiste en
pregonar lo que interesa y callarse cuanto
pueda deteriorar sus propósitos.

Fernando Vizcaíno Casas

La libertad de prensa debería ir
acompañada de la más severa prohibición
del artículo anónimo.

Arthur Schopenhauer

Es mi opinión y yo también la comparto.

Henri B. Monnier

48 El vicio radical de los enemigos
de la libertad de prensa se halla
en valorar a los periódicos por la causa
de la opinión mientras que no son
más que el efecto.

Chateaubriand

Los periodistas decimos que estamos fuera de palacio, pero nos encanta que nos abran los aposentos. El palacio nos mira como unos intrusos, pero el pueblo considera que estamos en la Corte.

Juan Luis Cebrián

El periodismo, por fortuna, es el poder sin trono.

Gabriel García Márquez

El periodismo es cosa grande. ¿Acaso un buen periodista no es un gobernador del mundo, si lo acierta a mover?

Thomas Carlyle

El poder informativo es la triste historia de la virgen que acabó en el prostíbulo.

Manuel Vázquez Montalbán

Los periodistas tienen opiniones, no son eunucos.

Anthony Lewis

Algunos periódicos suministran carne de cerdo para que las radios hagan luego sus albóndigas.

Antonio Franco

Los políticos mienten a los periodistas. Éstos reproducen las mentiras y los políticos comienzan a creerse sus propias mentiras al día siguiente cuando las ven escritas.

Mariam Dobrosielski

Algunos periodistas han confundido el periodismo con una cruzada.

Juan Tapia

Yo desconfío de los periodistas que dicen: «No puedo escribir esto porque la situación del periódico no lo permite». Quizá sea verdad, pero también es verdad que si tienes una noticia clamorosa no existe director en el mundo que rechace publicarla.

Carl Bernstein

La historia de la prensa libre es la historia del sensacionalismo.

Joyce Milton

La prensa diaria desmoraliza a las personas en tiempo récord, en grandes cantidades y al precio más económico.

Soren Kierkegaard

Políticos y periodistas se miran hoy con la desconfianza y el recelo de dos transeúntes que se cruzaran en un callejón oscuro y solitario durante una noche de invierno; esas situaciones dominadas por el miedo mutuo son el caldo de cultivo ideal para agresiones imprevistas de viandantes paranoicos.

Javier Pradera

Las conferencias de prensa del Presidente se celebran para conveniencia del Presidente, no de la prensa.

Bill Moyers

Si puedes, hazte amigo de un periodista.

Hill Murray

Quien vive gracias a los medios informativos, morirá por culpa de ellos.

Obispo de Peterborough

La información que recibimos es tanta que contamina los cerebros y la vida como los desperdicios industriales contaminan la naturaleza.

Jean-Louis Servan-Schreiber

El poder de los periodistas depende del poder de las empresas periodísticas, que a su vez dependen de la opinión pública más o menos preparada.

Jean Daniel

La prensa sólo es la cuarta rama del gobierno.

Douglas Cater

Prefiero el control de la prensa que el del ejército.

Bunke

Quien paga manda, y en la organización
de la empresa periodística, como
en cualquier otro género de
empresas, podemos exigir que
los periodistas sean hombres dignos,
pero no podemos pedir
que el padre de familia
periodista sea héroe todas las noches.

Fernando Martín Sánchez Juliá

En los países parlamentarios,
los gobiernos sucumben casi
siempre por obra de la prensa;
pues bien, vislumbro la posibilidad
de neutralizar a la prensa por
medio de la prensa misma. Puesto
que el periodismo es una fuerza tan
poderosa, ¿sabéis qué hará
mi gobierno? Se hará
periodista, será la encarnación
del periodismo.

Maurice Joly

El poder del periodista no está
basado en el derecho a preguntar,
sino en el derecho
a exigir respuestas.

Milan Kundera

La prensa será dentro de poco la fuente del
pensamiento para el noventa por ciento de
los españoles.

Fernando Savater

Hoy no existe en la vida pública más poder espiritual que la prensa.

José Ortega y Gasset

Los periodistas hacéis que la vida sea un infierno.

Diana Spencer

Los periodistas dicen algo que saben que no es verdad con la esperanza de que si lo continúan diciendo acabará siéndolo.

Arnold Bennet

Con frecuencia los reporteros manejan una historia filtrada con una solemne falta de crítica.

William White

Mientras exista la prensa diaria, el cristianismo será imposible.

Soren Kierkegaard

Hoy lo importante es dar primero la noticia. Si es falsa o no, poco significa.

Gabriel García Márquez

En los últimos años se ha dado a los periodistas una especie de licencia para matar.

Carlos Ulanovski

El periodismo ha muerto. Los periódicos ya no compiten entre sí por ofrecer un periodismo mejor, es decir, el retrato más exacto posible de la realidad, sino para entretener y enganchar a la gente.

James D. Squires

Calumniad, calumniad, siempre quedará algo.

Honoré de Balzac

En el mundo sólo hay un tipo de historia. La suya. Si usted escribe su historia, posiblemente se la venda a una revista o a otra.

Ray Bradbury

El periodista es la primera víctima
de la manipulación y
la deshonestidad ajena.

Margarita Riviere

La primera tentación del periodista es la militante, que consiste en tener una tesis e interpretar la realidad a través de esa tesis.

André Fontaine

No les movía el afán de conocer los hechos, sino el de contarlos, porque por un momento eso les hacía a ellos tan importantes como la noticia misma.

Peter Dexter

Lo que engorda a la prensa es algo más sencillo, prosaico y tontorrón: es esa concreta agenda que nos obliga a trabajar dentro del corsé del pensamiento único, pero que al mismo tiempo, por razones de formato, de espacio, de lenguaje y de estilo nos impide discutir del pensamiento único.

Juan Cueto

Las noticias se han convertido en telefilmes de acción en directo.

Oliver Stone

Los periodistas sólo acuden donde hay desgracias.

Alejandro Casona

El ideal de honestidad y de responsabilidad del periodista está bien, pero es poco para contrarrestar las fuerzas del mercado y la dinámica de la información que conducen casi genéticamente a privilegiar lo nuevo y lo extraordinario.

Gilles Lipovesky

El periodista excita las pasiones de los lectores, abandona principios para atacar la personalidad de los individuos, para seguirlos en su vida privada y exponer sus debilidades y vicios.

Alexis de Tocqueville

Los medios de comunicación
están efectuando las grandes
rebajas morales de la temporada
democrática.

José Luis Aranguren

Ponga usted las fotos que ya pondré yo la guerra.

William Randolph Hearst (a un reportero enviado a la guerra de Cuba)

El fuego de la Inquisición es siempre el mismo. Aquel tribunal se establece ahora cada mañana en los juicios paralelos de la radio, la prensa y la televisión: la hoguera ha sido sustituida por los fogonazos de los fotógrafos en los pasillos de los juzgados. Dentro de poco todos seremos a la vez víctimas e inquisidores. Y esa será la corrupción absoluta.

Manuel Vicent

Si tú repites infinitamente
una mentira en el periódico,
acaba siendo una verdad.

Luis Carandell

Una cosa es lograr un buen título
y otra muy distinta que sea cierto.

Julio Blank

El periodista debe hacer siempre las preguntas
que su madre le pidió que no hiciera.

Barbara Walters

Muchos entrevistadores tienen su historia ya escrita cuando aparecen y sólo quieren que usted haga algo que pruebe que no se equivocan o que simplemente llene los datos de esa historia.

Warren Beatty

En democracia, el fin no justifica los medios y ni siquiera la defensa de la libertad de expresión justifica el recurso a la mentira, a la falsedad o a la intimidación.

Juan Luis Cebrián

58 Existen periodistas que se enriquecen por el abuso, el chantaje y el cobro del impuesto revolucionario a empresas, instituciones y líderes políticos del más variado espectro.

Juan Luis Cebrián

Preferiría no opinar acerca de si la prensa ha sido imparcial o no. En mi larga carrera he podido comprobar que ellos tienen siempre la última palabra.

Lord Keith de Castleacre

Es una vergüenza pública que los hombres puedan hacer tanto daño con el objeto de vender más periódicos.

Edwin Lawrence Godkin

¿Está libre la clase periodística de cualquier culpa? Y si no, ¿por qué arroja tantas piedras sin arrojarse ninguna?

Xema Belgasay

Afortunadamente no vivimos en el país de los políticos y los periodistas.

Fernando Savater

Los periodistas eran asesinos por partida doble, pues terminaban con la vida y la reputación de las personas.

Heinrich Böhl

Dios Todopoderoso lo sabe: la sed
de sangre le es ajena a mi espíritu,
y me obsesiona en grado máximo
la idea de rendir cuentas a Dios.
Y, sin embargo, de buen grado
asumiría en nombre de Dios la
responsabilidad de ordenar «¡Fuego!»
siempre y cuando previamente
hubiera comprobado escrupulosamente
que los cañones de los fusiles
no apuntaban a ningún ser humano,
a ningún ser en general, excepto a
los periodistas.

Soren Kierkegaard

Chico, hoy he leído el periódico.

John Lennon

Todavía tenemos una fuerte defensa
a nuestra disposición contra los medios
de comunicación: podemos escoger
no dejarnos persuadir.

Vance Packard

Es inteligente como un periódico. Lo sabe
todo. Lo que sabe cambia cada día.

Elias Canetti

Las encuestas de Gallup demuestran
que en Estados Unidos los periodistas

son el único colectivo
que es más impopular
que los sindicatos.

Lane Kikland

La labor de los reporteros se ha llegado
a confundir con la de predicadores,
evangelistas, profetas y agitadores.

Walter Lippmann

Ni los empresarios ni los redactores son
dueños de la información.

Consejo de Europa

¿Habéis observado que la vida, la vida real
y honesta, con asesinatos, catástrofes y
herencias fabulosas, ocurre casi
exclusivamente en los periódicos?

Jean Anouilh

Los políticos reprochan a los diarios
todo lo que un caballero cristiano
de ideas nobles, independientes e
imparciales puede reprochar a un
organismo que, en su opinión,
no posee ninguna
de estas cualidades.

Xavier Rubert de Ventós

Una sola sentencia será suficiente para el
hombre moderno: fornicaba y leía
periódicos.

Albert Camus

Todos somos víctimas del periodismo.
Hans Magnus Enzensberger

La historia de los grandes acontecimientos del mundo apenas es más que la historia de sus crímenes.
Voltaire

El padre victoriano que decía que prefería ver a su hija muerta que sobre un escenario, era menos estúpido que el padre moderno que permite alegremente que sus hijos se dediquen a la publicidad o al periodismo.
W. H. Auden

Generalmente los periodistas sobreestiman el stock de información de los lectores y desestiman su inteligencia.
Rudolf Flesch

¿Quién mueve los hilos detrás de los periodistas? Está claro que es el Estado en las sociedades totalitarias o las fuerzas económicas en las sociedades democráticas.
Bernhard H. Neumann

Estamos ante el sida de la información: el derrumbe del sistema inmunológico en relación con las presiones externas.
Ferdinando Adornato y *Furio Colombo*

Muchas veces se habla de los agotadores excesos de la prensa que saturan al hombre de hoy. Yo creo que el hombre de hoy, si de alguna cosa está saciado, es de esenciales ignorancias.

Néstor Luján

Usted sufre de demencia periodística. ¿Quién lo dice? Uno amenazado de demencia periodística.

Peter Handke

Esta primera edición de
Contra periodistas
se terminó de imprimir
en Romanyá/Valls, S.A.,
para la colección Contratodo
de Editorial Edhasa
el 17 de enero de 1997